LOS PERROS DE NADOR

LOS PERROS DE NADOR

Juan Antonio Tello

PRENSAS DE LA UNIVERSIDAD DE ZARAGOZA

© Juan Antonio Tello
© De la presente edición, Prensas de la Universidad de Zaragoza (Vicerrectorado de Cultura y Patrimonio)
1.ª edición, 2026

Colección La Gruta de las Palabras, n.º 138
Director de la colección: Fernando Sanmartín

Ilustración de la cubierta: Jesús Cisneros

Prensas de la Universidad de Zaragoza. Edificio de Ciencias Geológicas, c/ Pedro Cerbuna, 12. 50009 Zaragoza, España. Tel.: 976 761 330 puz@unizar.es   http://puz.unizar.es

une   Esta editorial es miembro de la UNE, lo que garantiza la difusión y comercialización de sus publicaciones a nivel nacional e internacional.

ISBN 979-13-7014-103-5

Impreso en España
Imprime: Servicio de Publicaciones. Universidad de Zaragoza

Depósito Legal: Z 519-2026

Ya retumban los tambores y son de guerra. Afilamos las espadas de madera, los cuchillos de plata, las mazorcas de maíz, la rabia de la pertenencia. Retenemos a los tuertos, a los amputados, a los que han muerto, intercambiamos rehenes envueltos en celofán con sus flores aplastadas en forma de colibrí que se mantiene en el vuelo. Entonamos la canción que se merecen. Apostamos al vigía en los escombros, donde acecha quien no sabe qué es el sur, su estrategia de bandidos que rapiñan los secretos del metal, cualquier brillo en una joya, el esmalte de las uñas que se clavan en la espalda, la belleza del khol en los párpados. Somos unos descarriados que corrompen los caminos apurando la verdad de una mentira. El límite queda marcado por el calor de su hígado en las encías, por la textura del tuétano en la lengua.

Desprenderse, liberarse, qué soltar, es el diente de león que no mata, que no muere. Nunca llueve y tengo polvo en los zapatos. Lustro y soplo suavemente sobre él, me acreciento, me disperso en sus semillas, me remanso, pido un deseo. Se está bien en su regazo. Es la hora de las fábulas, Henry Wadsworth, es la hora de escribir como si no fuera tarde, aquí en Nador, que ha mezclado los pigmentos más al verde, más al sur, en este ocre. Somos muchos en una flor ligulada. Yo cumpliré con mi parte discretamente, pensando lo que decreto entre eufrasias, entre cardos, sin más arte que el de estar.

Soy, estoy, no parezco, tú suelta y yo suelto, sin las cadencias que nos vendieron a peso en cualquier zoco, hace ya tiempo o tal vez ayer. Cada onza de plata a nueve dírhams, sin diseño, con lo que da la tierra de manera incontestable. Suelta, suelto, todo está bien, intacto como los niños que juegan en esta orilla del mar, protegiéndose entre ellos del olvido, a vosotros de una herencia interior construida rama a rama con piedras, con plantas, con hilos, con barro, con cal. Tengo un horizonte amplio hasta Merzouga. No hay nada que perdonar, me libero, rompo el broche junto a una puesta de sol sellada sin concesiones. Menos es más en el cuerpo del poema que he de cuidar.

Nada al azar, todo bien cincelado, pulido, pintado, una piedra con facetas para que cuelgue del cuello con sus certezas. Eso es estar desatado al cabo de una escalera, sobre un acantilado, esperando en una lista o en una cena frugal. Vivir no es vivir sin más, es vivir con menos lo abundante en lo delgado, la cicatriz en el árbol, el balanceo en las ramas, el lamento de los muertos en el detalle, la moneda con la que lanzas al aire una ilusión que tiene cara y que tiene cruz.

La poesía pide un derrumbe, eso y nada más, la cresta de la ola que rompe en el desastre, un desmán perpetrado, una mañana al sol de las entrañas, otras vidas contigo si no es conmigo, esa respiración, hablar de lo que nos incumbe, lo que no nos maldice ni nos engaña, lo que se ha tachado, lo que queda, la forma azabache, alta y delgada, de ojos que pueden mirar a los ojos. Al fondo, a la izquierda, un salto de agua que salpica en las piedras, verdades al oído de lo que no sabías por fin aparecen después de tantos años para decir que sí, que el lenguaje no es doble ni muchos, es algo más, lo que no hace ruido y acaba poniendo al que grita en su sitio.

Qué hago aquí, soy un pájaro o un gusano, una rapaz o una presa, un solar o sus escombros, la palabra o el silencio, la distancia mínima, el salto de una rama a otra rama, la humedad en el cristal que se traza con el dedo. El sol brilla en las tardes de paseo, solos los dos, muy adentro, negociando el sentido de los números que recitan lo que calla, tres o cuatro pinceladas, lo que no quiso escribirse, el sentido de la ausencia en este bloque de mármol.

Los perros de Nador duermen a mi lado. Me despiertan. Tras las ventanas pasa el polvo del Gran Sur argelino. Se acurrucan en las sábanas, sacos de pulgas y garrapatas, un puñado de huesos sin dignidad que aúllan en la esquina de Avenue Taouima con Avenue Europe esquivados por los taxis. En un cruce de caminos están todas las respuestas, las que supimos y las que no pudieron ser. Somos inmunes a la derrota, hemos perdido lo que había que perder. El amor es un acto de suicidio, un paso de cebra sin semáforos, el impacto que mata, la muerte digna, la ceguera extrema, el nombre que se pone a cada cosa.

Otro poema perdido, otra madeja sin hilo del que tirar. No será tan importante tejer la realidad si lo que importa es la trama y su posible traducción, el revés de una ficción que se encamina. Paso a paso nos queremos aquí mismo, que todo nos vaya bien, cada uno con su frase que se pone o que se quita. Apartamos este ruido que no deja dormir y escuchamos los gemidos de los perros. Nunca es lo que nunca fue. En esta fiesta habrá sangre. Tengo preparado el traje, la camisa y el *pochette,* los zapatos a juego con las pupilas, los cordones con el iris, las máculas con el cristalino, la elegancia con un gesto descuidado.

No eres el que mata ni el que salva, ni siquiera el que aprende a morir. Tampoco el que conversa con quien no conoce. El amor es una tempestad que pinta Géricault a orillas de Mauritania sin conocer el mar en sus detalles. Locura y corazón entre los dientes sin color ni textura, aroma o sabor. Te daré un consejo que no me has pedido, invierte en luz: el brillo de los ojos, la capa reflectante del espejo, el sol en el aceite. Lo que se deja atrás devuelve una imagen, el desnudo de la piel sobre el hueso. Encuentra el oro detrás de la catástrofe, al final del impacto, pero suelta el control, no hay poema perfecto sino aullidos de perros con más o menos eco delante de un obstáculo, lo demás es ficción, arena en abundancia, el ojo de la aguja que tira de la hebra en Erg Chebbi Merzouga.

Los perros de Nador sueñan con plata, con alijos de huesos, con cataclismos. Son ellos, no otros, los que tienen dentro la poesía sin más coartada que lo famélico. Regreso a casa para ser un después en el espejo de mi vestíbulo, con unas llaves que abrirán alguna puerta o algún cajón, algún tesoro o alguna lata. Mi cabeza paraíso de pájaros sin rama, como un desprendimiento, como una cuenta saldada, como un solar. Queda el árbol, el perro, la acera, la sombra que hay en la luz del norte de África, queda lo que es.

Un solar para construir la casa desde el derrumbe. Paredes blancas, plantas acuáticas, un lugar donde estar tranquilo. El olvido es algo material: Cierzo, Mistral, Levante, Mediodía, una firma de joyas, tapices, gemas, arcillas, aceite que reluce en la piel. Por la rendija que hay en la puerta ves un bosque, árboles, los susurros de las hojas, la humedad de la tierra en los zapatos. Siempre hay alguien que te mira, ese niño de la esquina que espera con las luces encendidas o apagadas, en las lámparas de pie y las arañas, en las ramas, los plafones, en las velas de los campos de lavanda, con los perros salvajes de la civilización. Tocar lo que se puede tocar, por ejemplo, lo tangible, o tal vez el silencio compartido, el aire que quiere que respires, que respires.

Repetimos y esta vez vamos en serio. Mucho amor y poco tiempo, tanto mar en poca tierra y una línea que separa lo que ves y lo que no detrás de una puerta azul: el hermetismo de Egipto, la luz que ciega en el Rif, la tibieza de un paseo en Alemania, la manzana de destrío antes de empezar la fiesta de disfraces donde caen todas las máscaras, una a una, hasta el final. Esta vez vamos en serio, desbocados, desalmados, sin escuchar más consejos, de perro en perro. Empeñamos los collares, removimos la basura, practicamos el ayuno sin renunciar a los postres. Repetimos, no queda en esta barbarie un lugar para un lugar que sea diáfano.

Si quieres que te incomode, ponte música y léeme. Nada sería perfecto si tú estuvieses de acuerdo con todo lo que pensamos. La discordia nos arrastra por el polvo de un desierto de palabras que retumban. A pesar de lo que digan nos queremos, más o menos, en este espacio interior, en el invierno del sur que acaba por arrasar. Calculamos la profundidad del charco antes de saber nadar, pero con las botas puestas que se hunden en el barro. Hemos ganado dinero para tener un abrigo hasta que se acerque mayo y un papel para escribir entre propósitos, con la razón de otra lógica y una intuición, que no eres tú, que no soy yo, somos nosotros en un polígono a las afueras de tanto ruido.

Tenemos un hilo rojo y alguna puesta de sol, una espera y tal vez a Malak pensando en los cormoranes de las playas de este Rif. Y tenemos esmeraldas que no nos sirven de nada, regadíos y secanos, cordilleras y monedas que resuenan con un sonido sutil. Hay también unas palabras y unos números, la distancia suficiente para aprender a contar sin tener que correr mucho hasta la rama de un árbol. Es la hora de escribir sin tradiciones, destruyendo las herencias con la lealtad del perro que dormita en nuestra cama. Aquí la luz no es igual, cambia el color de los ojos, pero no la perspectiva de las cosas. Mientras haya un horizonte habrá un viaje, una casa de alquiler y una maleta en el cuarto de invitados, poesía de la prosa sin ningún miedo a escuchar la razón de un estallido. La escritura es una pauta de nuestra respiración que pide tiempo en el giro después de cada capítulo de un campo de girasoles. Respira, respira hondo, dime quién eres y dime qué ves, qué eliges y qué se impone.

Deshacer el nudo y empezar de cero, desenredar la maraña. Están todas las mujeres alrededor de la cuerda con las reglas de este juego, en la llave que abre un lugar, alguna puerta, una ventana, una caja sin recuerdos. Charlamos en la orilla de una idea, un territorio protegido por montañas, sellado en el inconsciente con la cera de las velas que acompañan un ritual. Y leemos una carta dirigida a Jean Beaufret, desahuciado de su casa por otro guardia jurado. Decir la justa medida que pueden tener las cosas, pero después de otro paso, es el salto hacia un vacío que no se escribe, la gramática de una piedra, la omisión que da la cal a la imagen del color, la pragmática de un discurso donde no crecen las plantas, el cuerpo de este poema después de salir del agua en la Mar Chica, como la estatua de Orfeo en la ópera de Christoph Willibald Gluck.

Devolver a la tierra lo que es de la tierra, las manzanas podridas, los libros amarillos, los gusanos de seda, las suelas de los zapatos. No hay ceniza sin fuego, amor sin hielo, una idea feliz que no pare una bala. Cuando al final volvimos, todo era diferente, pero hay que recitar lo que olvida una cantinela, el aire que prescinde de su música, la música que prescinde de su letra, el espíritu libre de un golpe de viento que derriba una puerta de chapa. Aparta los números, mira lo que hay detrás. No sé si somos muchos o unos cuantos en esta fortaleza de Tabouda contemplando las vistas hacia el noreste. Somos, en lo posible, una razón de más, la rectificación descabellada, la ausencia de visitas, el ruido que se atenúa, la ofensa que presume de una trayectoria, la trampa que pisa un cazador. No nos gusta escuchar los disparos impunes que matan a los perros. El corazón sí duele, pero un momento, antes del fulgor, luego se pasa.

Han ardido los escritos, toda la Teosofía, las cartas de Blavatsky, de los Mahatmas, del rey de Siam, los ángeles de Altadena, el XIX, un lugar y otro lugar. La fascinación del fuego, la vocación del pirómano, rescoldos sobre cenizas para comernos la carne de los corderos que enviamos al desierto del Levítico y calentarnos las manos con la especie, envueltos en los sonidos del búho, del mochuelo, del autillo. La excepción es una regla, somos libres de elegir, somos perros en el sabor del amor y nos matamos sin miedo, cada noche, entre lamentos y risas, con la indiferencia de pensar que es mejor que ardan los libros que pesan en la maleta cuando nos equivocamos sin saber muy bien qué llevar o qué dejar. El taxi blanco de Alamin, Nador Al Aaroui, Madrid Barajas o Barcelona El Prat, Zaragoza Delicias, el Circular 2. Qué frío hace sin biblioteca, aunque no se deja de leer, aunque no se deja de viajar, aunque no se deja de esperar en la parada del bus hasta que por fin llega. Un euro sesenta y cinco, diecisiete dírhams.

No hay perros en las aceras, les dispararon de noche, a altas horas, tan altas como su imagen cuando el sol no es más que un ángulo. Siete días para escribir un poema sobre las imperfecciones. Seguimos estando aquí, consultando los horarios de avión, las estaciones de tren, el diálogo de las jaurías, la enfermedad de la rabia, la idoneidad del instinto. Anotamos, subrayamos, revisamos nuestra táctica. Huele a pan, a agua con cloro, a levadura sin sal. Nos quedamos en silencio. Suspendimos los exámenes sobre la unidad del tacto, pero hemos memorizado la ley del francotirador: a cada deflagración le corresponde un ladrido.

Somos agua evaporada, un memorándum, tres o cuatro condiciones que cumplir con una firma ilegible. El silencio que se cuela en las afueras de esta ciudad dice lo que no le preguntaron. Cambiar un lugar por otro, otro arte en este patio de geranios, otra magia en la jaula de la urraca, otro aire con las puertas entreabiertas a lo que puede escribirse y a lo que no. El extrarradio está justo aquí, en la furia de una traducción de Orlando, en la lengua de Plutarco, en la trama de un tapiz desenrollado que se cuelga en la pared, en lo que puede ser cierto después de una conjetura.

Le pagaré todo al hombre para dejar de ser él, el precio de las manzanas, las madrugadas en bares sin excepción, los libros que no leímos, los viajes al extranjero. Pongo empeño e intereses, pongo la cuenta corriente, pongo onomástica, pongo un nombre en otro nombre y consumo un simulacro. Tenemos tiempo, los cajones de la cómoda llenos de playas, las manos en los bolsillos que se han roto por el roce de las llaves, el respeto en los ojos de los perros. No venderé los paseos por los bosques de Normandía, la hospitalidad de Hamza, las olas que rompen con fuerza en el espigón. Esta, mi casa, está aquí, en la cerradura hermética que preserva las estrellas del desierto en lo que condensa un símbolo. Lo que es verdad es verdad, lo que tiene algún valor se paga con la sutura que cierra cualquier acuerdo, uno tras otro.

Destellos en los ojos de tanto mirar lo que aún se puede ver. En lo que no, proponemos la sutura con sus variantes: seda, lino o nailon. Después del hilo está el Cabo de Tres Forcas (Ras Taksefi) en las rutas migratorias del norte de África. A favor de la corriente todas las puertas se abren o se cierran, ejerciendo la violencia que acaba diseminando algo por algún lugar, por ejemplo, en la ficción, esa fiesta en la que cada uno es lo que es, a pesar de la música del Imzad, a pesar de los trajes de raya diplomática, a pesar de las máscaras de arcilla, de las tablas solunares que señalan un ocaso.

Hay cosas que no tengo que contar, la voz que decide hablar en el Rif. Aprendemos a regar las plantas, las consideraciones de la luz, la cantidad de agua que se cree adecuada, las oscilaciones de la temperatura. Desnudamos el pan que da a los perros Mohamed Chukri en Beni Chikar según las normas del código poético. Compramos anillos, pendientes, collares, conforme a los inicios. Buscamos lo exterior en lo interior, una respiración, el compás de una frase, un descanso eterno, un río frente a una casa, un campo de trigo y unos cuervos muy negros, el silencio que golpea en el oído, la ruta de la seda entre las yemas de los dedos. Por favor, no hagáis ruido, dejad de molestar.

Viajar a otro lugar pesando un corazón mientras ladran los perros, más de doscientos gramos, un poco menos que la pluma de Maat. Quito hierro a la sangre, añado ligereza, dejo que todo fluya como tiene que ser. Tal vez un niño monstruo alcanzaría la justa medida de las cosas. A eso me dispongo, a entender los caprichos del amor con la misma crudeza que tendría un diamante hecho de piel y huesos, el matiz que define su rareza: color, corte, claridad y peso en sus quilates. Un día, otro poema, haga sol o no, la forma del metal que hemos llamado joya encaja en mi dedo. Compro un billete a Amberes en un vuelo privado sin ninguna intención de negociar.

Solo existes si te observo, si no, no, no tires más de la cuerda, el filamento se tensa y llega la conexión fatídica. Hemos perdido las claves de este lenguaje. Siempre cierras de un portazo y retumban los cristales en las flores del geranio y en las hojas del aloe. Yo soy de arena, turba y arcilla, prometo una colisión, un resplandor, una idea que se enciende después de apagar las luces a las tres de la mañana

Sigue viajando, aprende a morir, escucha primero y después habla. Cierra los ojos y dime qué ves. La luz en el metal puede que brille, la respiración se pauta, la frase delata la emoción, el agua desborda en la asonancia. Estar en ti y en él, cantar por boca de otro con actitud coral, cada uno su parte en esta sinfonía. Conectar un lugar por medio de una idea larga y estrecha con un espacio abierto de plantas, animales, paseos que prolongan lo que dura un momento.

Los perros de Nador mueren en las aceras. Quiénes son sin sus huesos, quién los mira, quién les da de comer una parte de sí mismos. Escribimos sobre ellos porque existen en un pedazo de pan, en todos los trapos sucios, en lo que no es un paseo, en la arrogancia sin límites. Alimentan la polémica enterrados junto a los nuestros, sin un tropiezo ni un cambio de pareceres en la eterna discusión de los espejos. Lo que ves se te parece, la distancia recorrida en un vuelo con escalas, la ley de la reflexión. Deja que llueva y que alguien te defina en dos palabras, no te olvides del paraguas ni de la necesidad de salirte de los mapas en varios tonos de azul.

Cojo el cuchillo y desbrozo el sendero manteniendo el cardo, el espino y la amapola, lo que no dice la voz, lo que será desolado, lo que quiere prometer algo rotundo, el paseo de la tarde con tu perro. Dejo arder los sustantivos unos cuantos siglos más, me arranco la piel a tiras para que el cuerpo se muestre como el eje de un reloj con su vibración de cuarzo. Giro la llave y cuento hasta uno, solo uno en la escalera de Jacob, que recuesta la cabeza sobre su almohada. Me reflejo en el fondo de la plata de un anillo, es un regalo, aprecio sin duda su profundidad, las certezas que retumban mientras pienso: *effatá*.

Detrás de una puerta azul —Bab Bou Jeloud— existe una biblioteca y una tierra manuscrita, libros de botánica, manuales de hermética, el olor de la hierba que crecía en Irlanda, la discusión de Grecia que cae piedra tras piedra, la niebla que se espesa en Alemania. Después, en las afueras de algo propio, se escucha muy adentro el canto del cárabo, el metro de los números, el sonido del agua que corre en los cristales, la fuerza extraordinaria del silencio, el principio del arte alrededor del fuego, el amor, la esperanza, la fuerza cósmica, un nombre y otro nombre, un mundo y otro mundo, la casa frente al río, la pantalla de ramas que teje un salmo bíblico, el hilo del que tiras para dar la batalla. Seguimos dialogando, anaquel a anaquel, de registro en registro, en andenes y embarques, llamando a la apariencia, afirmando que no, que no es así, que hay otras formas de cerrar una puerta sin hacer tanto ruido.

Ser un poema donde aúllan los lobos, la incisión que se hace en un cielo nocturno, el sonido que sangra en la diástole. Ser, además, lo que calla un lenguaje sin medida, el azar de los arcanos del tarot, el gesto matemático de los hombres de letras, el juego de luces del color amarillo. Ser, en fin, si procede, la mano que suelta el control de un desastre, la caída libre, el valor de mercado de un truco de magia, el impacto ligero en el que uno son varios y están contigo.

Hay llaves que abren las puertas de un símbolo, lugares que no callan, que permanecen, que nos arrastran, que no desdicen. Entro en el alma de las cerezas hasta su hueso, en la manzana que se ha podrido, en cada tarde que no termina hasta la cena. Soy el que viene a decir que no. Tenemos tiempo de aunar mentiras, de ver poemas que no se escriben pero se leen en un terreno con una casa que aún no existe, aunque sí es en el lenguaje que custodiamos.

Soy más pobre que una rata pero tengo en este límite de Saidia a Marsa Ben Mhidi el jugo de las naranjas en un puesto de domingo, la tormenta en un día de calor, la tierra seca sin atisbos ni estallidos, cosas que no tienen nombre según dice Octavio Paz, la ventanilla de un taxi con licencia de Nador, algo que poner a un lado, la imagen de un cielo raso, el catálogo de una flora vascular, dos o tres o cuatro idiomas en una conversación, el privilegio de decir que no, una manada de lobos que se funde en un aullido, un lugar en el que gritas a quien no sabe escuchar, una frase llena de joyas, un teatro con actores que están en el camerino afinando nuestra voz, algo rotundo y delgado que se calla hasta que habla, convenga o no, quiera o no quiera.

Dentro de mí lo que está afuera. Las rutas marítimas se juegan a una carta marcada por el flujo de la migración, por el acto ilegal, el contrabando, el lucro que redunda en las fronteras. Estamos sujetos a la voluntad, al abandono, al altibajo, a la estrategia. Comprendemos el arte de navegar, el canto de la sirena, la importancia de un mástil, el regreso a la tierra donde siguen aullando los perros de Nador. Cumplimos los requisitos, el desembolso, los puestos clandestinos de fruta desigual, el impulso poderoso de la miseria y esa ingenuidad que nos mantiene vivos.

Los números no mienten, ni miente la oportunidad de ver cómo rompen las olas, crepita el fuego, bate la brisa, habla la tierra. Y yo respondo que sigo aquí, en las entrañas de la ballena, en el secreto de las especias, en las tinturas del algodón. Esta es ahora la parte oscura, la que se arranca como los pétalos que pertenecen a unos y a otros en una flor. Todo es arena bajo los pies, todo es arena bajo el sol blanco.

Enfundar el cuchillo entre las margaritas repensando sus pétalos, pintándoles la piel con la henna del Sáhara. Tatuarse las heridas de amarillo, el corazón de arena, el sudor con la sémola de los viernes. Recoger una a una las espigas del Rif antes de que se sequen en el zoco de Oulad Mimoun. Dejar la puerta abierta de los libros, los mejores propósitos de una lavanda, la sierra de Algairén en el Gran Atlas de tapas de cartón plastificado, las mentiras que retumban en Saidia. Siempre se tiene un margen que ignorar, un tiesto con geranios, un perro que recuerda que hay que releer bajo un aplique de Tiffany lo que se ha escrito.

Todo toca a su fin, hemos mezclado la letra, la cosmética y el metal, lo que no lleva a la indiferencia, la cosecha del trigo en el Campo de Bello, la herencia de la urraca en el maíz, el eco de una caracola. Lo que ahora se entraña es el fuego y la roca, la roca y el agua, las cenizas de la violencia, las fosas comunes, las razones singulares del aprecio, las tumbas que nunca iremos a visitar, la humedad que cala en los huesos, la lana negra, la cabeza de turco, el chivo expiatorio, lo que ha cambiado una decisión. Donde no caben las dudas cabe el derecho a nacer en un tiempo de perros.

Perder el territorio y ganarlo después, repetir descampados y montones de escombros, cosas que no se entienden, rituales insolentes a plena luz del día, carros de los que tira la falta de cuidado. Me guío en el bosque del árbol genealógico, yo sí, tú no, las tiendas de recuerdos siguen abiertas hasta las once con sus imanes y sus lámparas de colores. Arranco de la tierra lo que hace sombra, se desprende fácil sin crujir apenas, cada uno en su sitio, el río, el árbol, la piedra. Arropo con su sombra este lenguaje que aún me pertenece, siglos de aromas, sabores, texturas en la lengua, el temblor de su aliento en el oído. Qué podéis ver al fondo de la ignorancia, el alma nos arrastra a la violencia, qué sabéis del arraigo de una gota de agua. No existe el duelo, ni tampoco el exilio, mi casa es blanca y mi razón aérea como las gardenias que crecen firmes. Y en este movimiento de vaivén se va extinguiendo el eco con los dedos repletos de anillos, con la piel pintada de símbolos. Soy humano, tú lo has querido, tengo el oro y tengo la plata, tengo un lugar donde estuve ayer.

ÍNDICE

Este libro
se terminó de imprimir
en los talleres del Servicio de Publicaciones
de la Universidad de Zaragoza
en abril de 2026

TÍTULOS DE LA GRUTA DE LAS PALABRAS

1 Manuel M. Forega, *Cuerpo de la edad (1981-1985)* (1985).
2 Emilio Gastón Sanz, *Musas enloquecidas* (1987).
3 Julio Alejandro de Castro, *Singladura* (1988).
4 José Antonio Labordeta, *Diario de náufrago* (1988).
5 Javier Delgado, *El peso del humo. (Libro de Horas Profanas)* (1988).
6 Jose Antonio Rey del Corral, *Poemas del sentido* (1988).
7 Javier Barreiro, *Dientes en un cofre* (1988).
8 Manuel Estevan, *Diario del frío* (1988).
9 Manuel Vilas, *Osario de los tristes* (1988).
10 Alfredo Saldaña, *Fragmentos para una arquitectura de las ruinas* (1989).
11 Mariano Esquillor, *Elegías a Fuensanta* (1989).
12 Antonio Ansón Anadón, *Memoria del Limo* (1989).
13 Rosendo Tello Aína, *Las estancias del Sol* (1990).
14 Ángel Petisme, *Habitación salvaje* (1990).
15 Miguel Luesma Castán, *Crónicas del abismo (1988-1989)* (1990).
16 Ana María Navales, *Los espejos de la palabra. (Antología personal)* (1991).
17 Antonio Fernández Molina, *El cuello cercenado. Antología poética* (1991).
18 Fernando Ferreró, *Falacia* (1992).
19 Luis Moliner, *Bethel y Música* (1992).
20 Manuel M. Forega, *He roto el mar (1980-1990)* (1993).
21 Alberto Montaner Frutos, *Teatro de delicias* (1993).
22 Teresa Agustín, *Cartas para una mujer* (1993).
23 Fernando Sanmartín, *Manual de supervivencia. (Consejos inútiles)* (1993).
24 Joaquín Carbonell Martí, *Laderas de ternero* (1994).
25 Enrique Gutiérrez, *Un país sin nadie* (1994).
26 Rolando Mix Toro, *El espejo y tú* (1994).

27 Magdalena Lasala Pérez, *Sinfonía de una transmutación* (1995).
28 Miguel Ángel Ordovás, *Poemas Evónimos* (1996).
29 Miguel Ángel Longás, *Escolios* (1997).
30 Antonio Blas Villa Berduque, *Andábata* (1997).
31 Mercedes Yusta, *Las mareas del tiempo* (1998).
32 José María Pérez Collados, *Lo que no te conté de mis viajes* (1998).
33 José Luis Trisán, *La libertad sonríe. (Homenaje a Luis de Pablo)* (1999).
34 Salvador Redonet (selección y prólogo), *Para el siglo que viene: (Post)novísimos narradores cubanos* (1999).
35 Eduardo Jordá, *Orco* (2000).
36 Alfonso Sánchez, *Lo fatal (Poemas)* (2000).
37 Rafael Yuste, *Trilogía de Historia Natural* (2001).
38 Antonio Fernández Molina, *Un gallinero en la ciudad. (Relatos)* (2001).
39 P. Rubio Montaner, *Tímidas existencias* (2001).
40 Carlos Alcorta, *Compás de espera* (2001).
41 Joaquín Sánchez Vallés, *Pasos en el jardín* (2002).
42 Francisco López Serrano, *La caricia de un sueño* (2002).
43 Fernando Ferreró, *Revisión prospectiva* (2002).
44 Fernando Andú, *Invenciones de las cárceles* (2002).
45 Tristan Tzara, *Los primeros poemas (Poemas rumanos)* (2002).
46 José Antonio Conde, *La vigilia del mármol* (2003).
47 Alfredo Saldaña, *Pasar de largo* (2003).
48 Javier Sancho, *Cuentos de colores* (2003).
49 José Antonio Sáez, *Derrota de las islas* (2003).
50 Ángel Guinda, *La creación poética es un acto de destrucción. Antología (1980-2004)* (2004).
51 José Ignacio Foronda, *Jaulas* (2004).
52 J. L. Rodríguez García, *En la última ciudad* (2004).
53 José Verón Gormaz, *El exilio y el reino* (2005).